Mascha Kaléko
Liebesgedichte

Mascha Kalékos Lyrik ist bekannt dafür, dass sie die Leser mitten ins Herz trifft und ihnen oft aus der Seele spricht. In ganz besonderem Maße tut das ihre Liebeslyrik. Dieser Band versammelt Gedichte aus allen Schaffensphasen der Dichterin: lockere Großstadtverse aus dem Berlin der Zwanzigerjahre, Exillyrik aus ihrer Zeit in New York, aber auch Verse und Entwürfe aus dem Nachlass – ein Kaléko'sches Liebeskaleidoskop aus fünfzig Schaffensjahren.

Mascha Kaléko, am 7. Juni 1907 als Tochter jüdischer Eltern in Galizien geboren, fand in den Zwanzigerjahren in Berlin Anschluss an die intellektuellen Kreise des Romanischen Cafés und wurde schnell sehr erfolgreich. 1938 musste sie in die USA emigrieren, 1959 siedelte sie von dort nach Israel über. Sie starb am 21. Januar 1975 nach schwerer Krankheit in Zürich.

Gisela Zoch-Westphal, der Mascha Kaléko ihr literarisches Erbe anvertraute, hat zahlreiche Gedichtbände der Lyrikerin herausgegeben. Sie starb am 29. Dezember 2023 in Rüschlikon.

Eva-Maria Prokop arbeitet als Lektorin und beschäftigt sich seit vielen Jahren mit dem schriftlichen Nachlass der Dichterin.

Mascha Kaléko

Liebesgedichte

Herausgegeben von
Gisela Zoch-Westphal
und
Eva-Maria Prokop

dtv

Von Mascha Kaléko
ist bei dtv außerdem lieferbar:
In meinen Träumen läutet es Sturm
Die paar leuchtenden Jahre
Mein Lied geht weiter
Sei klug und halte dich an Wunder
»Liebst du mich eigentlich?«
Feine Pflänzchen
Das lyrische Stenogrammheft
Verse für Zeitgenossen
Wir haben keine andre Zeit als diese
Sämtliche Werke und Briefe
Ich tat die Augen auf und sah das Helle

MIX
Papier | Fördert gute Waldnutzung
FSC® C014889

Originalausgabe 2015
8. Auflage 2026

Tumblingerstraße 21, 80337 München
produktsicherheit@dtv.de
Umschlagkonzept: Balk & Brumshagen
Satz: Bernd Schumacher
Druck und Bindung: Pustet, Regensburg
Gedruckt auf säurefreiem, chlorfrei gebleichtem Papier
Printed in Germany · ISBN 978-3-423-28063-1

Zur Heimat erkor ich mir die Liebe

FÜR EINEN

Die Andern sind das weite Meer.
Du aber bist der Hafen.
So glaube mir: kannst ruhig schlafen,
Ich steure immer wieder her.

Denn all die Stürme, die mich trafen,
Sie ließen meine Segel leer.
Die Andern sind das bunte Meer,
Du aber bist der Hafen.

Du bist der Leuchtturm. Letztes Ziel.
Kannst, Liebster, ruhig schlafen.
Die Andern … das ist Wellen-Spiel,

Du aber bist der Hafen.

MIT AUF DIE REISE

Ich kann dir keinen Zauberteppich schenken,
Noch Diamanten oder edlen Nerz,
Drum geb ich dir dies Schlüsselchen von Erz,
Dazu mein ziemlich guterhaltnes Herz
Zum Anmichdenken.

Ich kann dir keine braven Socken stricken,
Und meine Kochkunst würde dich nur plagen.
Drum nimm den Scherben rosarotes Glas,
Der führt ins Märchenland Ichweißnichtwas
An grauen Tagen.

Ich kann dir nicht Aladdins Lampe geben,
Kein »Sesam« und auch keinen Amethyst.
Doch weil dein Herz mir Flut und Ebbe ist,
Hier: diese Muschel, schimmernd, wie von Tränen
Zum Nachmirsehnen.

ALLE SIEBEN JAHRE

In den weisen Büchern habe ich gelesen:
Alle sieben Jahre wandelt sich dein Wesen.
Alle sieben Jahre, merket, Mann und Weib,
Wandelt sich die Seele, wandelt sich der Leib.

Wandelt sich dein Hassen, wandelt sich dein Lieben.
Und ich zählte heimlich: drei Mal, vier Mal sieben.
Ach, die Geister kamen. Und mein Ohr vernimmt:
Alle sieben Jahre … Siehe da, es stimmt.

Sorgenvoll betracht ich alle Liebespaare.
Ob sie es wohl wissen: Alle sieben Jahre …
Selbst in deinen Armen fragt mein Schatten stumm:
Wann sind wohl, Geliebter, unsre sieben um?

AUS DER BIBLISCHEN GESCHICHTE

JAKOB UND RAHEL

Jakob diente lange sieben Jahr,
Sieben Mal verjüngte sich die Herde,
Sieben Mal, mit segnender Gebärde,
Fiel der Regen, und das Land gebar.

Und in jedem neuen Monde sah
Er der Rahel Antlitz nah und näher.
Sieben Mal zwölf Monde. Aber da
Jener Tag sich nahte, brach der Schwäher

Ihm das Wort. Und zu gegebner Frist
Schmückte er ihm nicht die Langerkorne,
Sondern Lea, seine Erstgeborne.
Jakob's Herz verfiel des Alten List.

Und er trat vor Laban, wildempört.
Doch der war um Antwort nicht verlegen.
Sieh, sprach er, in unserm Stamm gehört
Erst der Älteren der Hochzeitssegen.

Füge dich der Sitte, Schwesternsohn,
Und bevor der nächste Regen fällt,
Folge dir auch Rahel in das Zelt;
– Dienst du redlich mir um neuen Lohn.

Wieder diente Jakob sieben Jahre.
Zeit verrauschte wie ein Flügelschlag:
Rahel's Herz an seinem Herzen lag,
Und in seiner Liebe schien dem Paare
Jedes von den sieben wie ein Tag.

MORGENLÄNDISCHES LIEBESLIED

Drei Tropfen Herzblut weinte ich um dich.
Von ihrer Röte tranken alle Rosen.
Siehst du den Wind in ihren Blättern tosen,
– 's ist Blut von meinem. Denke du an mich.

Ich war das Kind, dem alle Wolken sangen,
Sie wiegten sich in meinem jungen Traum.
Mein waren Stern und See und lichter Baum
In Waldesfrühe schlank und taubehangen.

Es bot der Mond mir seinen Silberball,
Die Blumen baten: Nimm von unsern Düften.
Mir wob der Frühling Nächte aus Kristall
Und hängte mir sein Blühen um die Hüften.

– Das alles warf ich fort, wie Kinder tun
Mit ihren müdgespielten Kieselsteinen,
Um einen Pulsschlag in dir auszuruh'n
Und dann mein letztes Herzblut zu verweinen …

WEIL DU NICHT DA BIST

Weil du nicht da bist, sitze ich und schreibe
All meine Einsamkeit auf dies Papier.
Ein Fliederzweig schlägt an die Fensterscheibe.
Die Maiennacht ruft laut. Doch nicht nach mir.

Weil du nicht da bist, ist der Bäume Blühen,
Der Rosen Duft vergebliches Bemühen,
Der Nachtigallen Liebesmelodie
Nur in Musik gesetzte Ironie.

Weil du nicht da bist, flücht ich mich ins Dunkel.
Aus fremden Augen starrt die Stadt mich an
Mit grellem Licht und lärmendem Gefunkel,
Dem ich nicht folgen, nicht entgehen kann.

Hier unterm Dach sitz ich beim Lampenschimmer,
Den Herbst im Herzen, Winter im Gemüt.
November singt in mir sein graues Lied.
»Weil du nicht da bist«, flüstert es im Zimmer.

»Weil du nicht da bist«, rufen Wand und Schränke,
Verstaubte Noten über dem Klavier.
Und wenn ich endlich nicht mehr an dich denke,
Die Dinge um mich reden nur von dir.

Weil du nicht da bist, blättre ich in Briefen
Und weck vergilbte Träume, die schon schliefen.
Mein Lachen, Liebster, ist dir nachgereist.
Weil du nicht da bist, ist mein Herz verwaist.

ZÄRTLICHE EPISTEL

Der blaue Himmel ist nur halb so blau,
Weil du nicht da bist, Liebster. Deine Nähe
Macht, dass ich alles Schöne schöner sehe.
Ich bin doch eine unmoderne Frau …

Ich liebe dich trotz Ehering und Sorgen,
Und Heimat ist nur, wo mit dir ich bin.
Fühl ich mich doch noch heimlich Königin,
Auch wenn uns Wirt und Bäcker nicht mehr borgen.

Musik ist wo du bist. Dein Stirb und Werde.
Ja, selbst der Kummer trägt ein schönes Kleid.
Viel lieber noch ist mir der Träumer Leid
Als sattes Glück der wohlversorgten Herde.

Der Wald hier, mein Lieb, ist ein richtiger Wald,
Und die Bäume, die Bäume – sie rauschen.
Und der »lake« ist ein See, ein richtiger See.
Und die steigenden Hügel – kein Traum.
O, wie gut ists, dem Schweigen zu lauschen
Und dem Vogelgezwitscher im Baum.

Du wirst bestimmt zum Wochenende kommen?
Gesegnet sei das gute Telefon.
Es gibt hier Rehe –. Unser kleiner Sohn
Und meine Sehnsucht haben zugenommen.

Kein Wiedersehen ohne Abschiedsschmerz,
Dies gilt noch immer. Aber, liebes Herz,
Man muss sich nicht so schrecklich weit entfernen,
Um diese alte Weisheit neu zu lernen.

FINALE

Du hast in mir viel Lichter angezündet,
Mit blauen Träumen mir den Tag erfüllt,
Und alles Blühen, alles Leuchten mündet
Noch im Erlöschen hin zu deinem Bild.

Du kamst: Zum Garten ward das Grau der Straßen.
Du kamst nicht, und der Tag hat nicht gezählt.
Wie hat, allein, das Leben mich gequält,
Der große Trug, den wir zu zweit vergaßen.

Es war der gleiche Sang in unserm Blut,
Die gleiche Saite, jäh entzweigerissen.
Ein müder Klang, um den wir selbst kaum wissen,
Jahrtausendalte, halberstorbene Glut.

Verwehter Ton, der noch im Klingen schweigt,
Gesumm, das ohne Anfang ist und Ende.
Da sich der Schatten deines Ahns dir neigt,
Umfängt auch mich der Segen seiner Hände.

Stumm zu verlöschen ist der letzte Sinn,
Still fortzugehen, eh das Feuer schwindet.
Du hast in mir viel Lichter angezündet …

Du sollst nicht wissen, dass ich einsam bin.

ABSCHIED

Scheiden heißt sterben. Und Abschied, das ist Tod.
Noch eh du fortgehst, hast du mich verlassen.
Schon trauert es um dich auf unsern Gassen,
Und »letzter Tag«, das schmeckt wie Gnadenbrot.

Warten heißt welken. Nichts kehrt so zurück
Wie's einmal war. Wer kann das wohl ergründen.
Du wirst mich treffen, aber nicht mehr finden.
So wird es sein. – Ich kenne dieses Stück.

Im letzten Akt gibt es ein Wiedersehn.
Doch nicht für uns. Das kann ich nicht ertragen:
So fremd und höflich beieinanderstehn,
Und so viel reden. Und so wenig sagen.

Der Vorhang fiel, wie es das Stück gebot …
Zuhaus erwarten mich vier fremde Wände.
Dein Schritt verhallt. Und so beginnt das Ende.

Scheiden heißt sterben. Und Abschied, das ist Tod.

SOLO FÜR FRAUENSTIMME

Wenn du fortgehst, Liebster, wird es regnen,
Klopft die Einsamkeit, mich zu besuchen.
Und ich werde meinem Schicksal fluchen.
Deine Tage aber will ich segnen.

Du drangst wie Sturmwind in mein junges Leben,
Und alle Mauern sanken wie Kulissen.
Du hast das Dach von meinem Haus gerissen.
Doch neuen Schutz hast du mir nicht gegeben.

So starb ich tausend Mal. Doch da du kamst,
Mocht ich das Glück, dir nah zu sein, nicht stören.
Wie aber solltest du mein Schweigen hören,
Da du doch nicht einmal mein Wort vernahmst …

BLATT IM WIND

Lass mich das Pochen deines Herzens spüren,
Dass ich nicht höre, wie das meine schlägt.
Tu vor mir auf all die geheimen Türen,
Da sich ein Riegel vor die meinen legt.

Ich kann es, Liebster, nicht im Wort bekennen,
Und meine Tränen bleiben ungeweint.
Die Macht, die uns von Anbeginn vereint,
Wird uns am letzten aller Tage trennen.

All meinen Schmerz ertränke ich in Küssen.
All mein Geheimnis trag ich wie ein Kind.
Ich bin ein Blatt, zu früh vom Baum gerissen.

Ob alle Liebenden so einsam sind?

SONETT IN DUR

Ich frage mich in meinen stillen Stunden,
Was war das Leben, Liebster, eh du kamst
Und mir den Schatten von der Seele nahmst.
Was suchte ich, bevor ich dich gefunden?

Wie war mein Gestern, such ich zu ergründen,
Und sieh, ich weiß es nur noch ungefähr,
So ganz umbrandet mich das Jetzt, dies Meer,
In das die besten meiner Träume münden.

Vergaß ich doch, wie süß die Vögel sangen,
Noch eh du warst, der Jahre buntes Kleid.
Mir blieb nur dies von Zeiten, die vergangen:
Die weißen Winter und die Einsamkeit.

Sie warten meiner, lässt du mich allein.
Und niemals wieder wird es Frühling sein.

SONETT IN MOLL

Denk ich der Tage, die vergangen sind
Und all des Lichtes, das tief in uns strahlte,
Da junge Liebe Wolken rosig malte
Und goldne Krone lieh dem Bettlerskind,

Denk ich der Städte, denk ich all der Straßen,
Die wir im Rausch durchflogen, Hand in Hand …
Sie führten alle in das gleiche Land,
Das Land, zu dem wir längst den Weg vergaßen.

Nun stehn die Wächter wehrend vor den Toren
Und reißen uns die Krone aus dem Haar.
Grau ist die Wolke, die so rosig war.
Und all das Licht, das Licht in uns – verloren.

Im Traume nur siehst du es glühn und funkeln.
– Ich spür es wohl, wie unsre Tage dunkeln.

MIT EINEM JUGENDBILDNIS

Oft, wenn ich Jugendbilder scheu verglich
Mit dem gealterten Original,
Das vor mir stand, – ein Schatten des Einmal,
Erschrak ich tief, und Schwermut senkte sich
Kalt in mein Herz. Nun hatte ich erfahren,
Was mir nur ahnte in vergangnen Jahren:
Gemessen und gezählt ist unsre Frist
Auf diesem Stern, der so vergänglich ist.

Nun send ich dir mein Bild als Abschiedstrost.
– Wenn einst die Jahre ihre Runen schreiben,
Hier werd ich immer zwanzigjährig bleiben,
Mit sanften Wangen, die du oft liebkost,
Verträumtem Blick und windumwehtem Haar,
Das gleiche Wesen, das ich einmal war.
Dann tröste dich: So jung und schaumgeboren
Bleibt nur die Liebste, die man früh verloren.

»ALTE FLAMME« BEI LICHTE BESEHEN …

Das also ist der Abgott, der vor Jahren
Mein Herz bewohnte einen Sommer lang!
– Und dies die Augen, dies der Stimme Klang,
Die meinem Leben Licht und Kompass waren …
Man denke, einen ganzen Sommer lang!

Gebrochne Herzen waren aus der Mode.
Doch ich, ein völlig unmodernes Kind,
Ich wartete im Regen und im Wind
Und sehnte einen Herbst lang mich zu Tode.
Erst heute sehe ich: Monsieur, Sie sind
Ein Jammer-Denkmal jener Episode.

… Ist das der Held von damals? Dieser zahme
Herr Doktor, seiner Gattin Untertan?
Verlorner Schlachten müder Veteran:
Ich geh an dir vorbei (du, dessen Name
Mein Herz einst brausen ließ wie ein Orkan!)
Und bleib incognito, »die fremde Dame«.
– So ähnlich endet mehr als ein Roman.

DAS GRAUE HAAR

(FÜR CHEMJO)

Ein welkes Sommerblatt fiel mir zu Füßen:
Dein erstes graues Haar. Es sprach zu mir:
Mai ist vorbei. Der erste Schnee lässt grüßen.
Es dunkelt schon. Die Nacht steht vor der Tür.

Bald wird der Sturmwind an die Scheiben klopfen.
Im Fliederstrauch, der so voll Singen war,
Hockt stumm der Krähen düstre Bettlerschar.
Hörst du den Regen von den Dächern tropfen?

So sprach zu mir das erste graue Haar.
Da aber ward ich deinen Blick gewahr,
Da sah ich, Liebster, lächelnd, dich im Spiegel.
Du nicktest wissend: Ja, so wird es sein.

Und deine Augen fragten mich, im Spiegel:
Lässt mich die Nachtigall im Herbst allein?
Und meine Augen sagten dir, im Spiegel:
Kommt, Wind und Regen, kommt! Wir sind zu zwein.

Das graue Haar, ich suchte es, im Spiegel.
Der erste Kuss darauf, das war mein Siegel.

PIHI

Vom Vogel Pihi hab ich einst gelesen,
Dem Wundertier im Lande der Chinesen.
Er hat nur einen Fittich: Stets in Paaren
Sieht man am Horizont der Pihi Scharen.
Zu zweien nur kann sich das Tier erheben;
Im Singular bleibt es am Boden kleben.
– Dem Pihi gleich, gekettet an das Nest,
Ist meine Seele, wenn du mich verlässt.

ICH UND DU

Ich und Du wir waren ein Paar
Jeder ein seliger Singular
Liebten einander als Ich und als Du
Jeglicher Morgen ein Rendezvous
Ich und Du wir waren ein Paar
Glaubt man es wohl an die vierzig Jahr
Liebten einander in Wohl und in Wehe
Führten die einzig mögliche Ehe
Waren so selig wie Wolke und Wind
Weil zwei Singulare kein Plural sind

EIN ZIEMLICH ABGEKLAPPERTES STÜCK

Es ist immer wieder das selbe Stück,
Sie spielen's alljährlich im Mai,
Von Liebe und Lust, von Jugend und Glück.
– Es ist immer wieder das alte Stück,
Und nur die Besetzung ist neu.

Es ist immer wieder das selbe Glück,
Die alten Seufzer und Wunden,
Und doch scheint allen alles so neu,
Als hätten sie's erfunden.

… Ich kenne das Drama, ich kenne den Schluss
Der Meister-Inszenierung.
Hab selbst mal die tragende Rolle gespielt.
War auch keine Uraufführung –.

DAS BERÜHMTE GEFÜHL

Als ich zum ersten Male starb –
Ich weiß noch, wie es war.
Ich starb so ganz für mich und still.
Das war zu Hamburg, im April,
Und ich war achtzehn Jahr.

Und als ich starb zum zweiten Mal,
Das Sterben tat so weh.
Gar wenig hinterließ ich dir:
Mein klopfend Herz vor deiner Tür,
Die Fußspur rot im Schnee.

Doch als ich starb zum dritten Mal,
Da schmerzte es nicht sehr.
So altvertraut wie Bett und Brot
Und Kleid und Schuh war mir der Tod.
Nun sterbe ich nicht mehr.

DAMALS HIESS DAS BACKFISCH

Nun träum ich schon wieder an meinem Klavier
Und sollte doch eigentlich üben.
Ich übte mich lieber im Lieben,
Doch mein Traumprinz ist leider nicht hier –
Floh seinen Backfisch, das arme Tier,
Und hat ihm schon lang nicht geschrieben.

Nun klimpre ich wütend auf meinem Klavier –
muss doch mein Mütchen wo kühlen,
Hab eben zu viel an Gefühlen,
Und keiner teilt sie mit mir.
Wär mein Traumprinz mit mir am Klavier –
Ich würde gern vierhändig spielen.

MIT FÜNFZEHN JAHREN …

Dir zu Liebe könnt ich Pferde stehlen,
Dir zu Liebe beinah höflich sein.
Deinetwegen könnt ich mit Latein
Und dem ganzen Altertum mich quälen.

Dir zu Liebe könnt ich Hänschen Braun
Zwanzig und ein halbes Mal verraten,
In Ermanglung andrer Heldentaten,
Mich mit deiner ganzen Prima haun.

Dir zu Liebe find ich Goethe »trocken«.
– Ist mir's auch um Wandrers Nachtlied leid.
Deinetwegen fluch ich meinem Kleid
Und den gottverdammten Weiberlocken.

Dir zu Liebe lauf ich wie ein Junge
Ohne Hut und mit zerfetztem Knie.
Deinetwegen rauch ich heimlich »Lunge«
Und bin schwach in der Geometrie.

Heute müsst ich aus der Schule fehlen,
Denn mir tut der Hals so scheußlich weh.
– Doch ein Tag, an dem ich *dich* nicht seh …

Dir zu Liebe könnt ich Pferde stehlen!

CHANSON EINER (GEISTIG MINDERBEMITTELTEN) LIEBENDEN

Ich wandle wie durch einen Traum seit Tagen,
Und spür den Hunger nicht bei leerem Magen,
Ich hör nicht, was die Leute zu mir sagen,
Nicht mal den Kuckuck, der sich selber rief –
Ich warte, ich warte, ich warte …
Ich warte auf einen Brief.

Warum nur hat er keinen Brief geschrieben?
Womit, womit hab ich ihn wohl vertrieben?
Wer bringt mir bei, das Scheusal nicht zu lieben?
Drei Nächte schon, dass ich deshalb nicht schlief:
Ich warte, ich warte, ich warte …
Ich warte auf einen Brief.

Heut ist der vierte Tag, dass ich so warte.
Und jeden Morgen kommt bloß 'ne aparte
Bis an den Rand beschriebne Ansichtskarte.
'Ne Karte! Mir …! – Das kränkt mich klaftertief.
Ich warte, ich warte, ich warte …
Ich warte auf einen Brief!

GROSSSTADTLIEBE

Man lernt sich irgendwo ganz flüchtig kennen
Und gibt sich irgendwann ein Rendezvous.
Ein Irgendwas, – 's ist nicht genau zu nennen –
Verführt dazu, sich gar nicht mehr zu trennen.
Beim zweiten Himbeereis sagt man sich »du«.

Man hat sich lieb und ahnt im Grau der Tage
Das Leuchten froher Abendstunden schon.
Man teilt die Alltagssorgen und die Plage,
Man teilt die Freuden der Gehaltszulage,
… Das übrige besorgt das Telephon. –

Man trifft sich im Gewühl der Großstadtstraßen.
Zu Hause geht es nicht. Man wohnt möbliert.
– Durch das Gewirr von Lärm und Autorasen,
– Vorbei am Klatsch der Tanten und der Basen
Geht man zu Zweien still und unberührt.

Man küsst sich dann und wann auf stillen Bänken,
– Beziehungsweise auf dem Paddelboot.
Erotik muss auf Sonntag sich beschränken.
… Wer denkt daran, an später noch zu denken?
Man spricht konkret und wird nur selten rot.

Man schenkt sich keine Rosen und Narzissen,
Und schickt auch keinen Pagen sich ins Haus.
– Hat man genug von Weekendfahrt und Küssen,
Lässt man's einander durch die Reichspost wissen
Per Stenographenschrift ein Wörtchen: »aus«!

DAS LETZTE MAL

… Den Abend werde ich wohl nie vergessen,
Denn mein Gedächtnis ist oft sehr brutal.
Du riefst »Auf Wiedersehn«. Ich nickte stumm. – Indessen
Ich wusste: dieses war das letzte Mal.

Als ich hinaustrat, hingen ein paar Sterne
Wie tot am Himmel. Glanzlos kalt wie Blech.
Und eine unscheinbare Gaslaterne
Stach in die Augen unbekümmert frech.

Ich fühlte deinen Blick durch Fensterscheiben.
Er ging noch manche Straße mit mir mit.
– Jetzt gab es keine Möglichkeit zu bleiben.
Die Zahl ging auf. Wir waren beide quitt.

– Da lebt man nun zu zweien so daneben …
Was bleibt zurück? – Ein aufgewärmter Traum
Und außerdem ein unbewohnter Raum
In unserm sogenannten Innenleben.

Das ist ein neuer Abschnitt nach drei Jahren,
– Hab ich erst kühl und sachlich überlegt.
Dann bin ich mit der Zwölf nach Haus gefahren
Und hab mich schweigend in mein Bett gelegt …

Ich weiß, mir ging am 4. Januar
Ein ziemlich guterhalt'nes Herz verloren.
– Und dennoch: Würd' ich noch einmal geboren,
Es käme alles wieder, wie es war …

In deinem Fenster brennt das Licht.
Wen ruft es wohl. Mich ruft es nicht.
Es hat mich gestern noch gerufen.
Nun steh ich fremd vor diesen Stufen
Ein unerwünschter Vagabund
Ein heim- und herrenloser Hund,
Getrennt von dir vieltausend Meilen.
Begleitet nur von den zwei Zeilen:
In deinem Fenster brennt das Licht.
Wen ruft es wohl. Mich ruft es nicht.

LIEBE, DA CAPO ...

Auf einmal also bist du wieder da,
Und jeder brave Vorsatz ist verloren.
Ich hatte es mir diesmal zugeschworen;
... Und kämst du selbst aus Innerafrika:

Aus und vorbei! – Doch schon ist es zu spät.
Nun sitz ich, wie das heißt, in deinen »Netzen«.
Man sollte meine Seele strafversetzen
In ein Revier, das dir nicht untersteht.

Wusst' ich denn nicht, dass es sehr ratsam ist,
Dich mit gut eingeübter Kühle fortzutreiben?
Wie aber soll ich denn vernünftig bleiben,
Wenn du mir leider so sympathisch bist?!

Als wäre nichts geschehn, tauchst du nun auf,
Mein kleines bisschen Ruhe zu zerstören.
Es ist so schwer, das Böse abzuwehren.
– Ich geb es auf

Und weiß: ein Herz, das man schon mal verlor,
Reist nur noch in getragenen Gefühlen.
Und, während wir noch einmal »Liebe« spielen,
Bereit ich mich zum nächsten Abschied vor …

ABSCHIED

Jetzt bist du fort. Dein Zug ging neun Uhr sieben.
Ich hielt dich nicht zurück. Nun tut's mir leid.
– Von dir ist weiter nichts zurückgeblieben
Als ein paar Fotos und die Einsamkeit.

Noch hör ich leis von fern den D-Zug pfeifen.
In ein paar Stunden hält er in Polzin.
Mich ließest du allein in Groß-Berlin,
Nun werde ich durch laute Straßen streifen

Und missvergnügt in mein Möbliertes gehen,
Das mir für dreißig Mark Zuhause ist,
Und warten, dass ein Brief von dir mich grüßt,
Und abends manchmal nach der Türe sehen.

… Ich kenn' das schon –. Und weiß, es wird mir fehlen,
Dass du um sechs nicht vor dem Bahnhof bist.
– Wem soll ich, was am Tag geschehen ist,
Und von dem Ärger im Büro erzählen?

Jetzt, da du fort bist, scheint mir alles trübe.
– Hätt ich's geahnt, ich ließe dich nicht gehn.
Was wir vermissen, scheint uns immer schön.
Woran das liegen mag … Ist das nun Liebe?

Das regnet heut! Man glaubt beinah zu spüren,
Wie's Thermometer mit der Stimmung fällt.
Frau Meilich hat die Heizung abgestellt,
Und irgendwo im Hause klappen Türen.

Jetzt sitz ich ohne dich in meinem Zimmer
Und trink den dünnen Kaffee ganz allein.
– Ich weiß, das wird jetzt manches Mal so sein.
Sehr oft vielleicht. – Beziehungsweise: immer …

EINSAMER ABEND

Die Stille sickert leis durch Türenritzen.
Durch meine Stube kriecht die Einsamkeit
Und bleibt dann stumm auf kahlen Bänken sitzen.
– Der Abend lässt sich heute sehr viel Zeit.

Tief schweigt der Raum. Nur müßige Dielen knarren.
Die Ecken sind mit Schatten angefüllt.
Ich bin allein mit meinem Spiegelbild,
Man soll im Dunkeln nicht in Spiegel starren …

Der Tag hat seine Schuldigkeit getan:
Nur eine Handvoll Glück. Das ist zertreten.
Nun schleppt die Nacht mir die Gedanken an
Und müde Träume, die ich nie erbeten.

Da draußen hält der Regen Monolog
Und spielt mit dem Applaus der Fensterscheiben.
– Wie ging das Lied, das einst mich zu dir zog …
Aber du solltest nicht bleiben.

Klang ein Lied. Das ist verweht.
Gläsern schläft ein Garten.
Kleine brave Tischuhr tickt.
Porzellan-Pagode nickt.
Muss ich immer warten …

JUGENDLIEBE A. D.

Die ganze Nacht hindurch hat es geregnet.
Mir ahnte gleich: der Tag fängt nicht gut an.
Um Mittag kam vom Steueramt der Mann,
– Und dann am Abend bin ich dir begegnet.

Ich hätte dich beinahe nicht erkannt.
Du hast dich sehr verändert in den Jahren.
Auch ich hab' zwischendurch sehr viel erfahren.
Mein Optimismus trat in Ruhestand.

– Was ich so treibe …? Nicht sehr viel. Man trottet
So nach und nach sein kleines Pensum ab.
Und meine Träume hab' ich eingemottet.
Ich wuchs heraus. Nun sind sie mir zu knapp …

Du fragst so viel. – Ob ich jetzt glücklich sei,
Ob ich verliebt sei. Wie es sonst mir ginge …
Ich frage nichts. Dein Blick sagt mancherlei.
Es war einmal … Doch das sind tote Dinge.

– Heut bist du Prokurist und hast zwei Kinder.
Dein Lebenswandel ist korrekt, banal.
Du hattest einst ein andres Ideal –
Doch dieses scheint vernünftig und gesünder.

Ich sehe dich, vergang'ne schöne Jahre,
Und wie die Zeit uns durch die Finger rinnt.
Auch ich bin längst nicht mehr das große Kind.
Ich glaube nicht mehr an das Wunderbare – – –

Was übrig blieb von unsern großen Zielen,
Ist jetzt Gerümpel und nicht aktuell.
– Ich denk' an Gottes sogenannte Mühlen:
Sie mahlen doch zuweilen ziemlich schnell …

KURZER EPILOG

Du hast mir bis zuletzt noch »Sie« gesagt
Und schwiegst per »du«. Ich lernte warten, leiden.
Du sahst mir zu. Und dann sprachst du vom Scheiden.
Ich habe nicht warum, wohin gefragt.

Du hörtest mich mit all den andern lachen,
Und wusstest wohl, dass mir an keinem lag.
Du sahst sie mich verwöhnen Tag um Tag,
Mir unerwünschte Komplimente machen.

Kein Wort aus deinem Mund. Du hattest Zeit …
Kein Ton aus meinem. Denn ich hatte Ehre …
Ich tat so kühl. – Ein Hauch von dir, ich wäre
Dir nachgefolgt in die Unendlichkeit.

Kein Sommer war wie jener groß und klar.
Wir haben ihn mit dummer Hand verschwendet.
Nun aber, da das Kinderspiel beendet,
Begreifen wir, dass es der letzte war.

Gleich als du fort warst, fing es an zu regnen.
– Ich wusste, dass ein Ende so beginnt,
Weil wir nie wieder denen begegnen,
Die für uns ausersehen sind.

REISEBEKANNTSCHAFT

Gestern warst du noch Herr Schmidt für mich,
– Eine Nummer aus der Badeliste.

Heute aber lieb ich dich.

Als ich dich zum ersten Male küsste,
War's, um einen anderen zu grüßen,
Dafür aber muss ich büßen,
Und zur Strafe lieb ich dich.

Gestern warst du mir ein Irgendwer,
Gestern morgen noch. Das waren Zeiten …!
Heut sind ohne dich Musik und Meer,
Wein und Landschaft Überflüssigkeiten.

Lohnt sich das, nichts andres mehr zu denken?
Frühstück, Mittag, Abendessen –: Du.
– Schwindel ist's, dass wir das Herz verschenken.
Uns verschenkt es. Und wir sehen zu.

Wärst du wieder nur Herr Schmidt für mich!
(»Viel zu dick. Kein Typ. Kommt nicht in Frage.«)
Aus. Vorbei. Nun quäl ich mich und frage:
Warum, bitte, lieb ich dich?

Morgen muss ich *doch* in Kottbus sein.
Wieder wird das Kursbuch Schicksal spielen.
Und ich fahr' mit scheußlichen Gefühlen
Ohne dich in meine Welt hinein.

WENN EINER FORTGEHT …

Wenn einer fortgeht, gibt man sich die Hände,
Am Bahnhof lächelt man so gut es geht.
Wie oft sind unsrer Sehnsucht Außenstände
Mit einem D-Zug schon davongeweht …

Wenn einer fortfährt, steht man zwischen Zügen,
Und drin sitzt der, um den sich alles dreht.
Man könnte dieses »alles« anders fügen
Durch einen Blick, ein Wort vielleicht. – Zu spät.

Wenn einer fortfährt, geht das Herz auf Reisen
Und treibt sich irgendwo allein herum.
Es ist schon manchmal schwer, nicht zu entgleisen.
Die klügste Art zu reden bleibt doch: stumm.

Wenn einer fortging, kann man nichts vergessen,
Und jeder Tag ist ein Erinnerungsblatt.
Wenn einer fortgeht, braucht man nichts zu essen,
Man wird so leicht vom Tränenschlucken satt.

Wenn einer fort ist, gibt es Ansichtskarten
Und ab und zu mal einen dicken Brief.
Ein schweres Verbum ist das Wörtchen »warten«
Und »lebe wohl!« ein Schluss-Imperativ …

KOMPLIZIERTES INNENLEBEN

Hinter jedem Abschied steht ein Warten.
Wenn dein Schritt verhallt ist, sehn ich mich.
Wenn du kommst, ist jeder Tag ein Garten.
– Aber wenn du fort bist, lieb ich dich …

Manchmal seh ich auf zu Sternmillionen.
Ob das Glück stets hinter Wolken liegt?
Ach, ich möchte in den Nächten wohnen,
Wo kein »morgen« um die Ecke biegt.

Kommst du, sehn ich mich nach tausend Dingen,
Wächst der Abgrund zwischen dir und mir,
Spür ich altes Fernweh in mir klingen.
– Aber wenn du fort bist, gilt es dir.

Unser Schicksal lauert hinter Bergen.
Schönes Jenseits, das wir nicht verstehn.
Unsre Großen gleichen noch den Zwergen,
Und nichts bleibt uns als emporzusehn.

Gibt es Träume, die noch nicht zerrissen,
Gibts ein Glück, das hielt, was es versprach?
Ach, wir Dummen werdens niemals wissen.
Und die Klugen forschen nicht danach …

OHNE ÜBERSCHRIFT …

Komm, lass die Tür mich leise nach dir schließen.
Der Tag war schwer. Mag er nun draußen stehn.
Lass nur den Regen ruhig weiterfließen,
Wir sind zu zwei'n. Was kann uns schon geschehn?

Lass andre schwärmen von dem Glanz der Sterne.
Mich freut schon, wie das Licht der Lampe fällt.
– Glaubst du es endlich nun, dass keine Ferne
Versprochnes hält?

Tat dir das weh? Hat uns der Herbst verändert?
Ja, unsre Träume welken mit der Zeit,
Und man begnügt sich mit der Wirklichkeit,
Wenn man ganz ehrlich durch die Jahre schlendert.

… Wie still! Der Wecker tickt nur, wenn wir schweigen.
Der einz'ge Baum vor unserm Fenster rauscht.
Und wenn man in den Hof hinunterlauscht,
Klingt's fern, als würde einer Chopin geigen –

Nein. Dummes Zeug! Es fiel mir nur so ein …
(Kein »Rückfall«, wie du meinst, in die Romantik!)
Das wird gewiss im Grandhotel Atlantic
Von nebenan das Kitsch-Orchester sein.

Ach, liefst du nur nicht mit nervösen Schritten
Von Wand zu Wand. Und ließest mich allein.
Wenn sich die Zwei in mir nicht wieder stritten,
Würd ich jetzt schweigen und dir nahe sein.

So geht der Abend wieder mal daneben.
Ein Kind darf sagen: »Will's nie wieder tun!«
Ich bin so müd von diesem bisschen Leben
Und habe nicht die Ruhe, auszuruhn …

NACH EINEM FERNGESPRÄCH

… Natürlich, wie immer, zu früh abgehängt!
Und wieder, wie üblich, das Herz unterschlagen.
– Was kann man auf Anhieb Vernünftiges sagen?
Und Liebe per Fernruf, express: – nicht geschenkt.

Verschwendung! Am Mittwoch das Eiltelegramm:
»liebst du mich drahtantwort stop« – Sehr lakonisch.
Und heut überfällst du mich gleich telefonisch
Zwischen Bürokrach und Stenogramm.

Sicherlich ahnst du nicht, was es bedeutet,
Wenn man latent an der Sehnsucht krankt,
Und unvermittelt das Telefon läutet:
»Sie werden aus Duisburg-Ruhrort verlangt.«

Und dann das Gestotter: »Wie geht es dir?« – »Gut.«
Folgt Liebeserklärung in knapp drei Minuten.
Von fern hör ich sanft schon das Fernamt tuten.
Du redest dich heiser. Ich schweig mich in Wut …

So, das wäre dieses. – Betrifft: »Eilbedarf«
Schreib auf »E.2«. Die Reichspost ist so gründlich!
Doch, bitte, Liebster, grüß mich nicht fernmündlich.
Sonst häng ich ab. Wenn man so sagen darf …

LIEGENGEBLIEBENER BRIEF AUF POSTFACH VII

Wahrscheinlich kommst Du nicht mehr an den Schalter,
Weil Dich dies Postfach nicht mehr interessiert.
Ich aber lauf Dir nach per Federhalter
Und bin bei Dir auf Sehnsucht abonniert.

Ich weiß: das schickt sich nur für Konfirmanden,
Nicht für den »reifen Mann« mit Amt und Pflicht.
Ich habe acht Examina bestanden,
Das schwierigste – vor Dir – bestand ich nicht.

Es riecht nach »*Chypre*«, wenn ich von Dir träume,
Denn damals hast Du dies Parfum geliebt.
Ich geh noch einmal durch die gleichen Räume,
Sie sind so tot, seitdem es Dich nicht gibt.

An jeder Ecke spür ich Deine Nähe.
Noch folgt mir überallhin Dein Gesicht.
Und wo ich wirres Braunhaar flattern sehe,
Bist Du es, Liebste. – Doch Du bist es *nicht*.

Zu Neujahr werd' ich diese Stadt verlassen.
Hier ist mir alles viel zu gut bekannt.
Dein Zimmer. Mein Büro. Und unsre Gassen,
Die tausend Dinge, von Dir umbenannt …

Jetzt hast Du lauter höhere Int'ressen!
– Ich bin nur noch für: »… *viele Grüße!*« da.
Du kannst so herrlich leicht und schön vergessen,
Wie ich aus Deinem kurzen Brief ersah.

Es war Dein letzter. Denn Du kannst nicht lügen.
Ich weiß, dass Dir der Andere gefällt.
Und doch: Du warst für mich »nach Maß« bestellt.
Ich kann mich nicht mit Konfektion begnügen …

KONSEQUENZ DES HERZENS

Ich bin nicht eifersüchtig von Natur.
Keine Spur.

Ach so, ja damals … Damals ja. Aber künftig
Bin ich vernünftig.

Du wirst es ja sehen.

Meinetwegen kannst du auch ganz alleine gehen.
Ich sage keinen Ton.

(Aber: treff ich dich mit der bemalten Person
Freundlich vorm Schotten-Café stehen …
Dann wird ich mich doch mal genötigt sehen,
Der Dame mit den gefärbten Tatzen
In vornehm-gepflegter Konversation
Die giftigen Augen auszukratzen!)

AUF EINEN CAFÉ-TISCH GEKRITZELT …

Ich bin das lange Warten nicht gewohnt,
Ich habe immer andre warten lassen.
Nun hock ich zwischen leeren Kaffeetassen
Und frage mich, ob sich dies alles lohnt.

Es ist so anders als in früheren Tagen.
Wir spüren beide stumm: das ist der Rest.
Frag doch nicht so. – Es lässt sich vieles sagen,
Was sich im Grunde doch nicht sagen lässt.

Halbeins. *So* spät! Die Gäste sind zu zählen.
Ich packe meinen Optimismus ein.
In dieser Stadt mit vier Millionen Seelen
Scheint eine Seele ziemlich rar zu sein.

WOHLGEMEINTER RAT FÜR DAMEN

Liebe Damen, höret meinen Rat an:
Flog sein Herz euch zu, so haltet's fest!
In der Liebe kommt es auf die Tat an,
Und auf Taten, die man – unterlässt.
Lasst dem Herrn der Schöpfung doch den Glauben,
Romeo sei feurig, Julia »kühl« …
Lasst euch die ersehnten Küsse »rauben«,
Das steigert garantiert den Sex-Appeal:
Und traf euch Amors Pfeil auch klaftertief,
Und seid ihr noch so sinnlich, tut »passiv«!

Man soll einem Mann, auf den es ankommt, nie gestehn:
Er sei – na, der Beste von allen!
Kaum weiß er's, ihr Lieben, dann ist's um euch geschehn,
Dann ist euer Kurs schon gefallen.
Schon sitzt er im Sattel und reitet stolz dahin,
Und findet, das Gras sei auch anderswo recht grün.
– Man soll, wie gesagt, einem Manne nie gestehn,
Er sei – na, der Beste von allen!

Ach, die Liebe hängt an zarten Fäden,
Viel erreicht die Frau, die schweigend schmollt.
In der Ehe ist das Silber – Reden.
Aber Schweigen, Kinder: – pures Gold!
Haltet euren Schnabel, werte Damen.
Schnäbelt – doch seid sparsam mit dem Wort.
Tut was euch beliebt, doch sagt stets »Amen«.
– Wer ausharrt, der behält das letzte Wort.
Der Trick ist schon so alt wie Omama:
Die kluge Frau sagt »Nein« und tut stets »Ja«.

Man soll einem Mann, auf den es ankommt, nie gestehn:
Er sei fast so toll wie Apollo!
Sonst denkt er sich gleich: Na, sie is ja auch ganz schön
– Aber doch nich so schön wie die »Lollo«.
Was hat schon die Lollo? Das hab ich auch, mein Schatz!
– Ach lass mich in Ruh mit dem ewigen Ersatz!
Dabei soll sich der Herr nur im Spiegel mal besehn!
Die Glatze! – Von wegen: Apollo …

SOGENANNTE MESALLIANCE

Die Herren offerierten Hof und Haus,
Um mir die Zukunft »rosig« zu gestalten.
Sie hielten sie mir hin wie einen Strauß.
Ich lachte mir mein Teil und lief hinaus:
Da saßen sie mit ihren Bügelfalten.

Die klugen Nachbarn schüttelten das Haupt:
Die wird es nie zu etwas Rechtem bringen.
Und Zeiten gab's, da ich es selbst geglaubt.
Da aber kam der Wanderer, bestaubt,
Und als er sprach, begann mein Herz zu singen.

Er hatte nichts als seine wilden Träume,
Auch war der Kindheit ferner Widerschein
In seiner Art – wie Tiere oder Bäume –
So ganz und unverhüllt er selbst zu sein.

Er glich in keinem Atemzug den andern,
Denn ihn besaß nicht Haus noch Hof und Feld.
Das Ufer jenseits war sein Ziel beim Wandern
Und nachts das Sternbild über seinem Zelt.

– Wer tauschte nicht des Krösus Scheckbuch ein,
In seiner Nähe bettelarm zu sein …

KEIN VOLKSLIED

Als ich noch liebzehn Jahr alt war
(Kein Fehler, lieber Drucker!)
… Als ich noch liebzehn Jahr alt war,
Nahm ich nen armen Schlucker

Als ich noch lachtzehn Jahr alt war
Packt ich die Siebensachn
Und folgte ihm zum Traualtar.
Da hatt ich nichts zu lachen.

Mit treuzehn Jahren kam die Reu
Und mit ihr Lust zum Wandern.
Mein Schlucker hatte Geld wie Heu …
Da folgte ich dem Andern.

Halte dein Herz an der Leine
Das ist vernünftig, mein Sohn!
(Aber, ganz ehrlich: das meine
Lief mir noch immer davon.)

DAS ENDE VOM LIED

Ich säh' dich gern noch einmal, wie vor Jahren
Zum erstenmal. – Jetzt kann ich es nicht mehr.
Ich säh' dich gern noch einmal wie vorher,
Als wir uns herrlich fremd und sonst nichts waren.

Ich hört' dich gern noch einmal wieder fragen,
Wie jung ich sei ... was ich des Abends tu –
Und später dann im kaumgebornen »Du«
Mir jene tausend Worte Liebe sagen.

Ich würde mich so gerne wieder sehnen,
Dich lange ansehn stumm und so verliebt –
Und wieder weinen, wenn du mich betrübt,
Die vielzuoft geweinten dummen Tränen.

– Das alles ist vorbei ... Es ist zum Lachen!
Bist du ein andrer oder liegt's an mir?
Vielleicht kann keiner von uns zwein dafür.
Man glaubt oft nicht, was ein paar Jahre machen.

Ich möchte wieder deine Briefe lesen,
Die Worte, die man liebend nur versteht.
Jedoch mir scheint, heut ist es schon zu spät.
– Wie unbarmherzig ist das Wort: »Gewesen!«

BESCHEIDENE ANFRAGE

Steht mein Bild wohl noch auf deinem Tisch?
Kramst du manchmal noch in meinem Briefen?
Ist das kleine Landhaus mit dem schiefen
Bretterdach auch jetzt noch malerisch?

Geht die Haustürklingel noch so schrill
Und verklingt erschrocken immer leiser …
Bellt dein Dackel Julius noch so heiser?
Ist's am Abend so wie damals still?

Hast du immer noch kein Telephon?
Gibt's auf dem Balkon noch Hängematten?
Spielt ihr manchmal noch die Schubertplatten
Auf dem altersschwachen Grammophon?

Gibt's zum Tee noch immer Zuckerschnecken?
Sagt Johanna immer noch »der« Gas …?
Darf man in das teure Gartengras
Immer noch nicht seine Beine strecken?

Weht der Seewind morgens noch so frisch?
Grinst der Mond des Nachts noch so verlegen?
Gehst du manchmal mir zur Bahn entgegen?
… Steht mein Bild wohl noch auf deinem Tisch?

Steht mein Bild …? – Ich hab' es selbst zerrissen!
Glaub' nur nicht, ich hätte deins vermisst.
Aber manchmal möcht' man manches wissen,
Wenn man so mit sich alleine ist …

IN DEN REGEN …

Stehst du jetzt auch und trauerst in den Herbst
Vor nebelüberwölkten Fensterscheiben?
Gehst du jetzt auch verlassen durch den Park
Und lässt wie welkes Laub vom Wind dich treiben …

Hockst du jetzt auch bei müdem Lampenlicht
Und schreibst an den Papierkorb lange Briefe?
Horchst du wie ich, wenn draußen jemand spricht,
Und hoffst noch immer, dass dich einer riefe –

Kein Laut. Nur Regen tropft von Fensterbänken.
Was mich betrifft: ich fühl mich so allein.
Ich möchte meine Sumpfschildkröte sein
Und mich in tiefen Winterschlaf versenken …

SENTIMENTALES SONETT

... Nun hab ich keinen mehr auf dieser Welt,
Nicht einen lieben Ort, daran zu denken.
Wem sollte ich wohl jetzt noch Glauben schenken?
Nun gibt es beinah nichts mehr, das mich hält.

Es war so gut, der Tage kleines Leid
In deine stets bereite Hand zu legen.
Du warst mir Ziel auf allen meinen Wegen
Und Hafen meiner Seele Müdigkeit.

Ich suchte nicht mehr nach dem großen Glück,
Ich hatte fast gelernt, mich zu begnügen.
Da aber nahmst du mir mein kleines Stück.

Nun fühl ich, wie mein letzter Traum zerfällt.
– Zuweilen ist es gut, sich zu belügen.
Ich aber habe nichts mehr auf der Welt ...

DAS LETZTE MAL

Du gingst fort. – In meinem Zimmer
Klingt noch leis dein letztes Wort.
Schöner Stunden matter Schimmer
Blieb zurück. Doch du bist fort.

Lang noch seh' ich steile Stufen
Zögernd dich hinuntergehn,
Lang noch spür ich ungerufen
Dich nach meinem Fenster sehn,

Oft noch hör ich ungesprochen
Stumm versinken manches Wort,
Oft noch das gewohnte Pochen
An der Tür. – Doch du bist fort.

AUF EINE LEIERKASTENMELODIE …

Du kamst nur um einige Jahre zu spät,
Und ich konnte so lange nicht warten.
Alle Blumen, die ich, dich zu grüßen, gesät
Sind verwelkt nun in meinem Garten.

Tag um Tag, Jahr um Jahr hab ich nach dir gespäht.
Doch da warst du auf endlosen Fahrten.
Meine Sehnsucht verstummte, mein Lied ist verweht,
Und nun kommst du um einige Jahre zu spät,
Denn ich konnte so lange nicht warten.

Sag, wo warst du, als Frühling im Lande noch war,
Als das Glück vor den Toren noch stand,
Als die Tage voll Licht und die Nächte so klar,
Sag, wo warst du, als ich frohe Zwanzig noch war
Und noch frei war mein Herz, mein die Hand.

Sieh, nun ist meine Liebe erloschen und müd
Wie die Sonne im Herbst, die nur scheint und nicht glüht
Und es silbert mein goldenes Haar.

Lass dein Boot fest am Ufer, an dem es nun steht,
Denn nun kommst du um einige Jahre zu spät,
Und es wird nie mehr so wie es war …

WAS MAN SO BRAUCHT …

Man braucht nur eine Insel
Allein im weiten Meer.
Man braucht nur einen Menschen,
Den aber braucht man sehr.

ALTMODISCHES SONETT

Ich habe dir mein junges Herz gegeben,
Und trag dafür das deine nun in mir.
Das hüt ich besser als mein eigen Leben.
Wie aber hat mein Herz es wohl bei dir?

Was man berichtet, Lieber, macht mich bangen.
Du gibst, so heißt es, nicht sehr gut drauf acht.
Jüngst ließest du es voller Unbedacht
Im wilden Dickicht an den Zweigen hangen,
Als im Galopp du durch den Wald gehetzt.
Da wurde es von einem Dorn verletzt.

Dir anvertraut ward ein gewichtig Pfand.
Du hältst mein Lächeln, du machst, dass ich weine.
Ich gab mein junges Herz in deine Hand.
Gib acht darauf, ich habe nur das eine.

FAST EIN GEBET

Nun weiß ichs, Liebster. Dieses ist das Glück.
Nach all dem Wirrsal und den irren Fahrten
Blieb uns zuletzt das Beste doch zurück:
Des Abends mit dem Kind auf dich zu warten.

Und klein zu sein mit ihm im kleinen Spiel,
Und in sein Schweigen still hineinzulauschen,
Das Gestern in ein Morgen einzutauschen,
Die Brücke neu zu baun, da sie zerfiel.

Was sie auch nahmen, dieses Eine blieb.
Lass uns dies auch in grauen Stunden wissen.
Herr, gib du allen, die das Schwert vertrieb
Ein Dach, ein Brot, ein Kind, ein eigen Kissen.

KLEINES LIEBESLIED

Weil deine Augen so voll Trauer sind,
Und deine Stirn so schwer ist von Gedanken,
Lass mich dich trösten, so wie man ein Kind
In Schlaf einsingt, wenn letzte Sterne sanken.

Die Sonne ruf ich an, das Meer, den Wind,
Dir ihren hellsten Sommertag zu schenken,
Den schönsten Traum auf dich herabzusenken,
Weil deine Nächte so voll Wolken sind.

Und wenn dein Mund ein neues Lied beginnt,
Dann will ich's Meer und Wind und Sonne danken,
Weil deine Augen so voll Trauer sind,
Und deine Stirn so schwer ist von Gedanken …

DIE DRITTE SINFONIE

Als ich heut wieder Mahlers »Dritte« hörte,
Umfingen mich die Schatten alter Zeit.
Und auf den Schwingen der Unendlichkeit
Entfloh ich dieser Stadt und dem Getriebe,
In das Gewoge der Vergangenheit,
In das Vineta unsrer ersten Liebe.

Ein Gestern grüßte mich bei jedem Schritte.
Das dunkle Tor, das dem Erinnern sich
Stets halb verweigert hatte, – Mahlers »Dritte«
Erschloss es wie ein »SESAM ÖFFNE DICH!«
Und alles, was jahrzehntelang schon schlief,
Schien aufbewahrt in ›unserem‹ Motiv …

Wie Japanblumen, leblos im Papier,
Im Wasser aufgehn und sich bunt entfalten –
So regten sich bei jedem Takt in mir
Die eingefrornen Träume und Gestalten.
Dass es doch möglich wär, sie festzuhalten,

– Den Augenblick, und was ihm bang entstieg,
Die Stimme, was sie sagte, und verschwieg –
Sich fortzuretten aus den Gletscherspalten
Ins Sonnenreich unsterblicher Musik.

IM VOLKSTON

Nun bin ich worden fünfzig Jahr
Und muss bald scheiden. Schon?
Wie kurz das liebe Leben war.
Was lieb ist, eilt davon.

Herr, der du unsre Herzen zwei
Gefügt zu einem Stück,
Ist meines Liebsten Zeit vorbei,
So nimm auch mich zurück.

LIEBESLIED

Wenn du mich einmal nicht mehr liebst,
Lass mich das ehrlich wissen.
Dass du mir keine Lüge gibst,
Noch Trug in deinen Küssen!

Dass mir dein Herz die Treue hält,
Musst du mir niemals schwören.
Wenn eine Andre dir gefällt,
Sollst du nicht mir gehören.

Wenn du mich einmal nicht mehr magst,
(Und geht mein Herz in Scherben –)
Dass du nicht fragst, noch um mich klagst!
Ich kann so leise sterben.

UNABGESANDTER ÜBERSEEBRIEF

Wär ich ein Vöglein, würd ich zu dir eilen!
Doch leider hab ich's Fliegen ganz verlernt.
Drum bleibt es wieder nur bei Luftpostzeilen.
– Mein Herz, wir sind fast siebentausend Meilen
Und zirka tausend Dollar weit entfernt …

Ja, wenn ich wenigstens ein Seestern wäre,
Ein Zwergenwalfisch oder ein Delphin!
Ich überquerte die diversen Meere
So peu à peu und schwämme zu dir hin.
Auf dein Erstaunen freute ich mich diebisch …
Doch leider schuf der Herr mich nicht amphibisch.

– Jetzt blühn bei euch die ersten Mandelbäume.
Vor lauter Sehnsucht tut das Herz mir weh.
Wär ich ein Vöglein … (Nichts als Hungerträume!)
Die Nacht ist kalt. Verschlafen fällt der Schnee.
Wer weiß, ob ich dich jemals wiederseh …

NACHT OHNE SCHLAF

Ich weiß, dass du jetzt wachst in deiner Nacht
So wie ich schlaflos wache in der meinen.
Der gleiche Mond, der mich so kühl verlacht,
Wird wohl auch jetzt dir Ruhelosem scheinen.

Ich weiß, das Leid, das ich dir nicht geklagt,
Wird mir im stillen Vers zur Ruhe gehen.
So mag dein Weh, das du mir nicht gesagt,
Dich später auch als sanfter Klang umwehen.

Ich weiß, dass du jetzt wachst in deiner Nacht,
Weiß um Gedanken, die im Schatten liegen.
Ich sah so manche hartdurchwachte Nacht
Auf deinem Mund. Wenn auch die Lippen schwiegen …

GRUSS AUS DAVOS

Es hustet einer so wie du
Im Zimmer nebenan.
Ich sah ihn heut am Frühstückstisch,
Den fremden kranken Mann.

Das Personal stand wie ein Heer
Vor seinen Wünschen Wacht,
Und jeder seiner Blicke schien
Zu kommandiern: Habt acht!

Er aß und trank, er aß und las
Sein vaterländisch Blatt.
Und in der Küche heißt man ihn
Den Herrn von Nimmersatt.

Mit diesem Individuum
Wohn ich nun Tür an Tür.
– Und hustet es von nebenan,
So sehn ich mich nach dir …

FÜR CHEMJO ZU PESSACH 1944

Wir haben das Schweben verlernt,
Weh uns, wir kleben am Weg.
Vom Leuchten der Sterne entfernt
Die Flügel gesenkt und träg,
So trotten die Füße ergeben.
Ach, Liebster, bevor es zu spät,
Versuchen wir's, uns zu erheben.

KOMMENTAR ÜBERFLÜSSIG

Kein Wort ist groß genug, es ganz zu sagen,
Kein Ton so rein, dass es in ihm erklingt.
Wir müssen alles in uns weitertragen,
Tief wissend, dass es endlich uns bezwingt.

Und leise spür ich, wie wir uns entgleiten,
Da jeder stumm sein starres Schweigen schweigt.
Fern aus dem Nebel schimmern noch die Zeiten,
Als eines sich dem andern zugeneigt.

So fällt am Morgen jeder Traum zusammen.
So stirbt zur Nacht das Licht des Tages bang.
Zu fahler Asche glimmen alle Flammen.
Das Lied ist aus. Die Melodie verklang.

AM KRANKENBETT

Willst du ihn von mir nehmen
So nimm mich mit.
Um ihn will ich mich grämen
Und leiden wie ich litt.

Mit ihm mag ich mich freuen
Und heiter sein.
Du kanntest uns zu zweien,
Herr, lass mich nicht allein.

Es ist für Erdenkinder
Nicht gut vereinzelt sein.
– Sieh, deine ersten Sünder
Vertriebst du noch zu zwein.

– Was immer mag geschehen,
Ein Fremdling ich hier bin:
Herr, lass mich mit ihm gehen
Ins Allwohin.

ICH TRÄUME NICHT MEHR

Ich träume nicht mehr
seit du nicht mehr aufwachst am Morgen,
wenn die Morgenlandsonne glühend schreit
in deinem Balkonzimmer.

Kann keiner meine Träume deuten.
Nur der das Lächeln aufkeimen sah
in meinem Herzen,
und die Träne reifen
hinter meinem Auge.

Du hörtest mein Gras wachsen.

Schon fast dreihundert
Morgenlandsonnen –
und du wachtest nicht auf.

Ich träume nicht mehr.
Wem sollte ich meine Träume erzählen?

Wie tut es gut sich einmal auszuweinen
Ich habe keine Tränen mehr

Du warst mir Vater und Mutter, Geliebter
Mein Kopfkissen, meine Heimat
Nun hab ich nichts mehr
Steh fröstelnd im Wind

ICH LASSE MICH NICHT MEHR EIN AUF DATEN

Weil heute der siebente Juni war
habe ich den ganzen Tag über
deine gelben Rosen erwartet.
Festlich rüstete es sich in
meinem einsamen Herzen,
als gäbe es Freude zu ernten.
Eine Art Vorweihnachten,
aber das Fest kam nicht.
Ich habe keinen Geburtstag mehr.

Am Abend habe ich die alte
Bienenwachskerze angezündet
vor deinem Bild
und die eine blasse Rose
ins schwarze Glas getan.
Wie war ich doch reich einst
und das was man glücklich nennt.
Ich lasse mich nicht mehr ein auf Daten.

KEINER WARTET

Alle müssen sie heim. Nur ich muss nicht müssen.
Keiner wartet, dass ich das Essen ihm richte.
Keiner sagt, komm, setz dich her. Wie bist du müde!
Schneidet mir keiner das Brot.

Keiner weiß, wie ich war mit achtzehn, damals.
Keiner stellt mir den ersten Flieder hin,
Holt mich vom Zug mit dem Schirm.

Ist keiner, dem ich beim Lampenlicht lese,
Was der Chinese vom Witwentum sagt:
»Die Gott liebhat, nimmt er zu sich,
Ehe er ihr den Geliebten nimmt.«

EIN POST SCRIPTUM

Von meinem alten Anwalt kam ein Brief.
Er schreibt wie immer.
Sachlich, fachlich. Ihr ergebener.

Da übersah ich beinah
das Post Scriptum.

»Nun, da mein Leben sich dem Abend zuneigt,
und jenes dunkeln Engels Flügelschlagen
schon manche Nacht den Herzschlag übertönt,
will ich, Verehrteste, es ein Mal sagen:
Ich habe dreißig Jahre Sie geliebt.

Nun liegt ein Weltmeer zwischen mir und Ihnen.
Und immer warte ich, dass noch ein Brief,
kein Liebesbrief und doch ein Schmetterling
in mein mit Akten tapeziertes Leben
flattert.«

NACHWORT

In Mascha Kalékos Gedicht »Die frühen Jahre« aus ihrem letzten Lebensjahr 1974 taucht verschlüsselt ihre als traumatisch erlebte Kindheit auf. Es endet mit den Zeilen »Ein Fremdling, stumm vor unerschlossenen Zonen / fror ich mich durch die finsteren Jahre. / Zur Heimat erkor ich mir die Liebe.«

Man spürt unsagbare Sehnsucht und Hoffnung auf Liebe, aber nicht Zukunft wird hier beschworen, sondern ein sofort gültiger Entschluss des jungen Mädchens ist geleistetes Bekenntnis: »Zur Heimat erkor *ich* mir die *Liebe*.« In dem gleichfalls späten Gedicht »Das sechste Leben«, in dem sie auf ihr Leben zurückschaut, heißt es: »Das erste war keines / Aber das zählt fast doppelt.«

Mascha Kaléko kam am 7.Juni 1907 in Schidlow – am Rande der ehemaligen Donaumonarchie – als Tochter eines russischen Vaters und einer österreichischen Mutter zur Welt. Die Herkunft aus Galizien – heute Polen – ist in der eigenen Lebensdarstellung der Dichterin so gut wie verschwiegen worden. Aus Galizien stammte man nicht, ohne das Naserümpfen sämtlicher Westeuropäer zu riskieren. Aus Furcht vor Pogromen gegen die jüdische Bevölkerung floh die Familie zu Beginn des Ersten Weltkriegs nach Deutschland. 1918 wurde der Vater, den man als russischen Staatsangehörigen interniert hatte, entlassen, und die Eltern zogen mit ihren beiden Töchtern Mascha und Lea von Marburg nach Berlin.

Dort fand Mascha zum ersten Mal so etwas wie Heimat. Diese Stadt prägte sie wie keine andere. Der Vater scheint streng orthodox gewesen zu sein, eine Lebenshaltung, welche die persönliche Freiheit der heranwachsenden Töchter beschnitt. Mascha versucht sich an ersten Gedichten.

»Am Abend schreib ich manchmal ein Gedicht / mein Vater meint, das habe noch gefehlt.«

Auf einem Foto aus dem Familienalbum steht mit Tinte in ihrer Handschrift geschrieben: »Mascha Kaléko 1928«. Sie ist also schon verheiratet mit dem Philologen Saul Kaléko. 21 Jahre ist sie: Man sieht in ein verstörtes, tieftrauriges Gesicht mit großen, dunklen Augen. Einige Seiten weiter im Album dann eine Aufnahme aus Hiddensee nur zwei Jahre später: Eine lachende, attraktive junge Frau in kecker Haltung strahlt in die Welt, als bestünde sie aus purer Lebensfreude.

»Leben Nummer zwei / Bootfahrt auf dem Wasser / der Jugend«.

Diese Zeilen atmen Freiheit, balancieren schon auf der Woge des Erfolgs, nicht mehr in den beengten Verhältnissen der orthodoxen Familie im Scheunenviertel Berlins wohnend, sondern in eigener Wohnung an der Seite eines

Ehemannes mit dem sie – oder ohne den sie – ausging und reiste. – In verschiedenen Berliner Zeitungen und Zeitschriften erscheinen regelmäßig ihre Gedichte. Mascha verkehrt im »Gral« der Künstler, im Romanischen Café. Sie liest hin und wieder im Rundfunk, tritt sogar in einem literarischen Kabarett auf. Im Kü.Ka. »Dieses denkwürdige Künstlerkabarett war so eine Art Talentwiege«, schreibt Mascha Kaléko in einem Brief. »Dort vernahm man zuerst die scharfen Pointen des schon damals berühmten Erich Kästners.« – Maschas Verse – Zeitungsgedichte – beschrieben mit Gefühl und Ironie, mit Witz, heiterem Spott und genauester Beobachtung den Großstadtalltag. Die Berliner liebten sie und nannten sie »unsere Mascha«. In rascher Folge entstehen viele Liebesgedichte, heitere und melancholische, als flögen ihr die Reime nur so zu. Sie thematisiert auch Einsam- oder kurze Zweisamkeiten von jungen Menschen, die möbliert zur Untermiete wohnen. Größere Freiheit haben Paare, die sich zum Wochenende auf dem Segelboot treffen können. Man flirtet; manchmal schmerzt Sehnsucht, aber Abschied bricht noch keine Herzen. » …und zwei Weekends hinter Pfingsten / Hat die Liebe Hochsaison…«

Zu dieser ganz neuen »Freiheit der Geschlechter« hat Axel Eggebrecht später eine genaue Deutung formuliert.

»Doch überall, am Wedding wie in Halensee, in Betrieben und Büros, auf dem Wege zur Arbeit und erst recht nach Feierabend konnte man beobachten, dass sich die Beziehungen zwischen den Geschlechtern erfreulich veränderten. Sie gingen unbefangen miteinander um, eine heitere Kameradschaft herrschte. Die Männer traten nicht mehr als Eroberer auf, sie lernten die für Deutsche so schwierige Kunst des fröhlichen Flirtens; die Mädchen und Frauen nahmen die neue Freizügigkeit selbstbewusst in Anspruch.

Berlin bekam in diesen Jahren einen leicht femininen Zug. Die traditionelle preußische Nüchternheit lockerte sich durch die überall spürbare erotische Spannung. Im lärmenden Trubel der Millionenstadt ereignete sich so etwas wie eine stille Revolution, ein Stückchen Emanzipation kam zustande.«

Die höchst attraktive junge Frau, Mascha Kaléko, wurde umschwärmt und verehrt und war eine so lebhafte Gesprächspartnerin für ihre Kollegen im Romanischen Café geworden, dass es für andere manchmal schwer war, ihre sprudelnden Reden zu unterbrechen. Klabund soll es gelungen sein.

Die starke Ausstrahlung und Wirkung seiner Frau war für ihren Ehemann sicher irritierend, aber in ihrem Gedicht »Für Einen« aus dem Jahre 1934 heißt es: »Die andern sind das weite Meer. / Du aber bist der Hafen. / So glaube mir: kannst ruhig schlafen, / ich steure immer wieder her.«

Das Schicksal wollte es anders. Sie begegnet Chemjo Vinaver, dem jüdischen Komponisten, Dirigenten und Musikwissenschaftler. Ich wage zu sagen: Sie waren füreinander bestimmt, aber ihre Liebe war mit schier unüberwindlichen

Problemen belastet. Mascha Kaléko leidet unter dem Doppelleben. In einer Tagebuchnotiz aus dem Jahre 1938 heißt es: »Ich habe mehr gelitten in den letzten zwei Jahren, als es menschenmöglich ist. Ich habe gelitten unter der Lebenslüge, die ich begangen habe, weil ich *musste*.« Sie hat Ohnmachtsanfälle, Magen- und Gallenbeschwerden, die sie nie wieder loswird. Mascha erwartet ein Kind von dem Geliebten, aber ihr Mann will sie nicht verlieren. Ihr Sohn wird am 28. Dezember 1936 geboren, doch Saul Kaléko widersetzt sich einer Trennung oder gar Scheidung. Er liebt Mascha so bedingungslos, dass er sie beschwört, ihn nicht zu verlassen. Er will das Kind lieben wie sein eigenes; nur bei ihm bleiben soll sie. Endlich – im Januar 1938 wird die Ehe geschieden. Der politische Druck war für Mascha als Jüdin inzwischen lebensgefährlich geworden. Ihre Bücher hatte die Reichsschrifttumskammer schon 1935 verboten. Chemjo wird von der Gestapo schlimmen Verhören unterzogen. Saul Kaléko wandert nach Palästina aus, das Ehepaar Vinaver-Kaléko mit dem kleinen Sohn nach New York – (Mascha behielt nach der Heirat den Namen Kaléko bei, mit dem sie berühmt geworden war.)

Am 23. Oktober 1938 waren sie in den USA angekommen, nur wenige Wochen vor der »Kristallnacht«. Vinaver gründet schon bald einen Chor und kann Konzerte geben, in denen er vorwiegend die Stücke jüdischer Kompositionen aufführt. Musik ist international. Für Mascha hingegen ist die deutsche Sprache das Element ihrer schöpferischen

Tätigkeit. Sie hat das Publikum verloren, das ihre Dichtung versteht. Es grenzt fast an ein Wunder, dass der Schoenhof-Verlag in Cambridge/Massachusetts 1945 ihre Exilgedichte druckt, darunter kostbare Liebesgedichte, die wohl alle ihrem Mann gelten.

1959 will Vinaver seine wissenschaftliche Arbeit über chassidische Synagogalmusik in Jerusalem fortsetzen. Sie geht mit ihm, wird aber im »Land der Väter« immer fremd bleiben. Sie spricht wenig Hebräisch und hat kaum Freunde. Ihr Mann erkrankt, sodass sie auch ihre Vortragsprogramme in Deutschland wieder und wieder verschieben und schließlich ganz aufgeben muss. 1968 stirbt 31-jährig überraschend der über alles geliebte Sohn Steven, der nicht nur wie Vater und Mutter hochtalentiert war, sondern auch zum Erfolg begabt. Er schrieb, komponierte und inszenierte seine Stücke selber und war als Künstler international gefragt. Von diesem Schicksalsschlag haben sich weder Mascha noch ihr Mann je wieder erholt.

Mascha überlebte ihren Mann um dreizehn Monate. Sie starb in Zürich am 21. Januar 1975.

Die Dichterin hatte mir aufgetragen, nach ihrem Tode ihren Nachlass aus der Jerusalemer Wohnung zu holen. Und welches Wunder tat sich da auf: Es gab einen Schatz an unveröffentlichten Gedichten. Vereinzelt stammten die Verse noch aus den frühen Berliner Jahren, die überwiegende Anzahl muss in Amerika entstanden sein, und nach langem Schweigen in den Jerusalemer Jahren war sie nach dem Tode ihres Mannes noch einmal produktiv geworden. »Lieder für Liebende« heißt ein Kapitel im Band »In meinen Träumen läutet es Sturm«, der die nachgelassenen Gedichte vereint.

»Mein schönstes Gedicht?
Ich schrieb es nicht.
Aus tiefsten Tiefen stieg es.
Ich schwieg es.«

Ob es ein Gedicht über Liebe war? Vielleicht eines in der – das Universum umfassenden – Vision von Albert Einstein, der in einem Brief an seine Tochter Lieserl schrieb:

»Um die Liebe sichtbar zu machen, habe ich einen einfachen Austausch in meiner berühmtesten Gleichung gemacht. Wenn wir anstelle von $E = mc^2$ zu akzeptieren, die Energie akzeptieren, um die Welt durch die Liebe zu heilen, kann man durch die Liebe multipliziert mal Lichtgeschwindigkeit hoch Quadrat zu dem Schluss kommen, dass die Liebe die mächtigste Kraft ist, die es gibt, weil sie keine Grenzen hat.

Wenn wir wollen, dass unsere Art überleben soll, wenn wir einen Sinn im Leben finden wollen, wenn wir die Welt und alle fühlenden Wesen, die sie bewohnen, retten wollen, ist die Liebe die einzige und die letzte Antwort.«

Gisela Zoch-Westphal
Juni 2015

ALPHABETISCHES VERZEICHNIS DER GEDICHTANFÄNGE UND -ÜBERSCHRIFTEN